PAIDEIA
ÉDUCATION

NATHALIE SARRAUTE

Enfance

Analyse littéraire

1 rue Honoré - 93500 Pantin.

ISBN 978-2-7593-1403-4

Dépôt légal : Janvier 2022

Impression Books on Demand GmbH

In de Tarpen 42

22848 Norderstedt, Allemagne

SOMMAIRE

BIOGRAPHIE DE NATHALIE SARRAUTE

Nathalie Sarraute, née Tcherniak, voit le jour en juillet 1900 à Ivanovo en Russie. Issue d'une famille aisée et cultivée, sa mère, Pauline Chatounovski, était romancière et son père, Israël Tcherniak, était chimiste.

Ce dernier, ayant renoncé à la recherche, se consacre à l'industrie textile après son mariage avec Pauline Chatounovski. Mais le couple se sépare en 1902. Nathalie part alors vivre à Paris, avec sa mère et son beau-père, Kolia, et retrouve son père en Russie et en Suisse pour les vacances.

En 1906, sa mère et son beau-père se réinstallent en Russie, alors que le père de Nathalie élit domicile à Paris, où il épouse Véra, de qui il aura deux enfants : Hélène, en 1909 et Jacques, en 1917. C'est donc désormais à Paris que Nathalie passe ses vacances, jusqu'à ce que sa mère l'envoie définitivement à Paris en 1909 chez son père, afin de pouvoir suivre Kolia à Budapest.

La jeune fille passe donc son enfance dans un cadre familial complexe : son père est accaparé par le travail, sa belle-mère ne lui prête que peu d'attention et sa petite sœur est difficile. Nathalie se réfugie donc dans son travail scolaire, ainsi que dans la lecture et l'apprentissage de l'anglais. En 1912, elle obtient son certificat d'études et intègre le lycée Fénelon où elle se découvre une passion pour la littérature et le latin.

Son père souhaitant l'éloigner de la guerre 1914-1918, Nathalie est envoyée à Montpellier, où elle obtient son baccalauréat. Durant cette période, sa mère ne lui rend visite qu'à deux reprises. Deux ans après la fin de la guerre, elle viendra de nouveau s'installer à Paris.

Après son baccalauréat, Nathalie Tcherniak se passionne pour les études et les voyages : elle effectue une licence d'anglais à Paris en 1920, puis des études d'histoire à Oxford en 1921, avant de s'intéresser à la sociologie à Berlin en 1921-1922. Elle reviendra finalement à Paris en 1922 où elle fera trois années de droit.

Durant cette période, Nathalie découvre des auteurs tels que Thomas Mann et Marcel Proust qui l'amènent vers de nouveaux horizons littéraires. C'est également le moment de sa rencontre avec Raymond Sarraute. Issu, lui aussi, d'une famille d'intellectuels, Raymond et Nathalie partagent leurs goûts communs pour l'art et la littérature. Ils se marient en 1925, après avoir passé leur licence de droit et s'être inscrits au barreau. Deux ans plus tard naît leur fille aînée, Claude Sarraute. En 1930, c'est Anne qui voit le jour, puis Dominique en 1933.

Dès 1932, Nathalie Sarraute s'adonne à l'écriture et publie son premier recueil, *Tropismes*, en 1939, qui sera salué par Jean-Paul Sartre ou encore Max Jacob. Cette même année, Raymond est mobilisé. Nathalie éloigne ses enfants à la campagne, mais refuse de fuir le pays. Un décret survient et exige la radiation du barreau des avocats nés de parents juifs ou mariés à une juive. Les Sarraute, d'un commun accord, décident de divorcer. Ils se remarieront en 1956.

En 1942, Nathalie se déclare au commissariat, mais refuse de porter l'étoile jaune, devenue obligatoire pour les Juifs. Elle se cache alors en région parisienne et vit dans la clandestinité, avec ses deux plus jeunes filles, tandis que l'aînée reste à Paris avec son père. Ce dernier, en relation avec la Résistance, obtient de faux papiers pour sa femme. Réfugiée à Parmain en 1943, elle rédige *Portrait d'un inconnu*.

Après la Libération, Nathalie retrouve Sartre, qui sera un véritable soutien littéraire jusqu'en 1953. Il l'aide à publier *Portrait d'un inconnu* en 1948, dont il rédige la préface et lui ouvre les portes de sa revue, *Les Temps modernes*.

Mais en 1956, c'est la rupture avec Sartre, qui se consacre définitivement à la littérature engagée. Nathalie Sarraute publie alors *L'Ère du soupçon* chez Gallimard, qui regroupe des articles qu'elle avait rédigés dans *Les Temps modernes*, ainsi que d'autres que Sartre avait refusés. L'œuvre rencontre un vif succès. En 1957, *Tropismes* séduit à son tour le public, lorsqu'il est repris par les Editions de Minuit. Désormais, Sarraute est assimilée au mouvement du « Nouveau Roman », dont elle devient une des figures les plus représentatives.

A partir de ce moment, les publications s'enchaînent chez Gallimard : *Le Planétarium* en 1959, *Les Fruits d'or* en 1963, qui sera traduit dans de nombreuses langues et qui vaudra à l'auteure le Prix international de littérature, *Entre la vie et la mort* en 1968, *Vous les entendez ?* en 1972, *Disent les imbéciles* en 1976, *L'Usage de la parole* en 1980, *Enfance* en 1983, *Tu ne t'aime pas* en 1989, *Ici* en 1995 et enfin, sa dernière œuvre, *Ouvrez*, en 1997.

Les années 1960 deviennent un tournant pour Sarraute : elle se rend souvent à l'étranger pour animer des conférences et rencontrer son public et commence, parallèlement à rédiger des pièces de théâtre : *Le Silence* en 1960, *Le Mensonge* en 1966, *Isma* en 1970 ou encore *Elle est là* en 1978 et *Pour un oui, pour un non* en 1982. Ces pièces, destinées à la radio, connaîtront finalement de jolies collaborations avec de grands metteurs en scène comme Jean-Louis Barrault, Simone Benmussa ou Jacques Lassalle. Avignon mettra également l'auteure à l'honneur en 1986.

En 1985, Raymond décède. Nathalie meurt en 1999, après avoir eu la chance de voir la publication de ses œuvres dans la Bibliothèque de la Pléiade en 1996.

PRÉSENTATION DE ENFANCE

Nathalie Sarraute publie *Enfance* en 1983 aux éditions Gallimard. Dans cette œuvre, l'écrivaine évoque l'univers des émigrés russes à Paris au début du XXe siècle en faisant revivre ses souvenirs d'enfance, par lesquels elle a construit sa personnalité, en tant que femme d'une part, mais aussi en tant qu'auteure.

En renouvelant le genre du roman autobiographique, en s'attachant aux principes du « Nouveau Roman », l'auteure nous fait part de sa découverte et de son goût pour la littérature et l'écriture.

En outre, une dimension théâtrale apparaît dans ce texte, grâce à la mise en place d'une écriture à deux voix, permettant l'établissement d'un dialogue entre Nathalie Sarraute elle-même et son double. Cette dualité favorise donc particulièrement la dimension autobiographique de l'œuvre, en soumettant les souvenirs de l'écrivaine au jugement et à l'évaluation de sa propre conscience.

RÉSUMÉ DE L'AUTOBIOGRAPHIE

Dans un dialogue avec son double, l'auteure explique sa démarche, sa volonté et son besoin d'évoquer ses souvenirs d'enfance, avec la crainte, tout de même, de reproduire du « tout cuit ».

Un premier souvenir est alors mentionné, comme l'image d'une première opposition à l'adulte : Nathalie, alors qu'elle est petite, fend la soie d'un dossier de siège avec une paire de ciseaux, bien que sa nourrice le lui ait interdit.

S'enchaînent ensuite d'autres souvenirs d'enfance, celui, notamment, d'une promesse faite à sa mère sur sa manière de bien mâcher les aliments à cause d'un problème de santé lorsqu'elle se trouvait en vacances en Suisse avec son père, ou encore des contes écrits et lus par sa mère, mais aussi de sorties au Jardin du Luxembourg à Paris avec sa nourrice.

L'auteure fait état de nombreux souvenirs avec sa mère, où cette dernière semble détenir un pouvoir sur sa fille, avec les mots qu'elle emploie à son égard, sa parole ayant valeur de vérité indiscutable pour l'enfant qu'elle est alors.

Des souvenirs de sa maison natale en Russie demeure l'absence de sa mère et l'omniprésence d'un père que l'auteure affectionne particulièrement, avec qui elle a appris à maîtriser le français, mais le russe également. S'ensuivent de nombreux souvenirs en Russie, mais aussi en France, avec son père.

L'auteure évoque sa vie à Saint-Pétersbourg avec sa mère et son beau-père, Kolia. Plusieurs événements révèlent une opposition entre elle et sa mère. Un sentiment d'abandon, ainsi qu'une impression d'injustice dans la manière que sa mère a d'exercer un pouvoir sur l'enfant qu'est Nathalie, habitent l'écrivaine. C'est aussi le moment où cette dernière se verra brimer dans son désir d'écriture.

Kolia et sa mère doivent partir pour Budapest et décident d'envoyer la jeune fille vivre chez son père à Paris. Celle-ci s'en réjouit, mais sa vie à Paris se révèle solitaire. Sa belle-mère, Véra, ne lui prête aucune attention et lui fait comprendre qu'elle ne fait pas partie de la famille depuis que sa demi-sœur, Hélène, est née. De nouveau, un sentiment d'abandon, voire de trahison, envahit la petite Nathalie.

Durant cette période, Nathalie trouve un véritable refuge dans son travail scolaire. L'école est seule à donner un sens à son existence, au point de refuser de retrouver sa mère qui souhaite la reprendre avec elle. Elle s'adonne avec passion à son travail et obtient de très bons résultats.

Plusieurs dîners ont lieu chez le père de Nathalie, avec d'autres immigrés russes. Un de ces repas a davantage marqué l'auteure qui, en voyant sa belle-mère pleurer un soir dans son lit, comprend que cette dernière réalise à quel point son entourage ne lui porte pas la considération qu'elle espère.

L'auteure en devenir éprouve un sentiment d'accomplissement et de réussite lorsqu'elle s'adonne à l'une de ses premières rédactions scolaires sur le thème du premier chagrin. Ce même ressenti reviendra à plusieurs reprises, lorsqu'elle rédigera d'autres rédactions au cours de ses études.

La mère de Véra vient pour un long séjour à Paris. Nathalie trouve en cette dernière la grand-mère qu'elle n'a pas eue et qui lui porte l'attention et l'affection qui lui manquent. Le départ de cette dernière, après un an, plonge Nathalie dans une grande tristesse.

La mère de Nathalie vient à Paris, cela fait trois ans qu'elles ne se sont pas vues. Leurs retrouvailles se passent relativement mal, et la jeune Nathalie se sent confortée dans l'affection qu'elle éprouve depuis peu à l'égard de sa belle-mère, en qui elle commence à trouver une mère de substitution. Sa mère part quelques jours plus tard.

Alors que Nathalie vit avec sa mère à Saint-Georges-de-Didonne débute la première Guerre mondiale. Sa mère part pour la Russie, inquiète pour Kolia. La jeune fille demeure en

France, de nouveau déçue de cet abandon.

Elle se consacre encore et toujours plus à l'école, ainsi qu'à l'apprentissage. Sa belle-mère a décidé d'engager une nurse anglaise pour la petite Hélène, nourrice grâce à laquelle Nathalie va apprendre l'anglais.

L'ambiance familiale dans laquelle elle évolue est toujours aussi désagréable. Son père travaille beaucoup, sa belle-mère ne lui porte toujours aucun intérêt. Sa réussite scolaire et la lecture sont ses seules échappatoires. Elle obtient son certificat d'études et est désormais sur le point d'intégrer le lycée Fénelon à Paris.

LES RAISONS DU SUCCÈS

Le succès d'*Enfance* s'explique par le renouveau que Nathalie Sarraute fait du genre autobiographique. Cette œuvre constitue une véritable quête pour l'auteure, quête qui consisterait en la recherche d'une forme autobiographique nouvelle, qui lui permettrait de rendre ses souvenirs bien réels et vivants.

Cette quête est présente dès le prologue d'*Enfance*, à travers deux questions fondamentales qui semblent animer Nathalie Sarraute : comment se détacher des règles que tant d'autres ont employées avant elle ? Comment ne pas restituer que du « tout cuit » ?

Au moment de la rédaction de ce texte, le genre autobiographique est reconnu depuis longtemps en littérature. Il obéit à certains codes, et a largement été théorisé, notamment par Philippe Lejeune dans son ouvrage *Le Pacte autobiographique* paru en 1975.

Mais dans l'optique du mouvement littéraire dans lequel se reconnaît Nathalie Sarraute, à savoir le « Nouveau Roman », une véritable démarche de renouveau est en place, cherchant à explorer des terrains encore inconnus des lecteurs et qui proposeraient une nouvelle manière d'envisager la littérature ainsi que la réalité.

C'est dans cette démarche que s'inscrit ce désir de renouveau du genre autobiographique de la part de l'auteure, et c'est précisément dans cette optique que l'œuvre a su rencontrer son public. On peut d'ailleurs mentionner le fait que d'autres écrivains du « Nouveau Roman » se sont, à la même période que Sarraute, essayés à l'autobiographie : Alain Robbe-Grillet avec *Le Miroir qui revient* en 1985 ou encore Marguerite Duras avec *L'Amant* en 1984.

LES THÈMES PRINCIPAUX

La dimension autobiographique que nous mentionnions juste avant permet d'attribuer deux caractéristiques essentielles au récit de Nathalie Sarraute. En effet, en se remémorant ses souvenirs d'enfance, l'auteure va faire de son œuvre un véritable roman d'apprentissage, à travers lequel va se développer une certaine théorie de l'enfance.

En faisant état des changements qui se sont opérés en elle, depuis son enfance incessamment soumise au regard de l'adulte, jusqu'à l'affranchissement de ce regard et à l'acquisition de son indépendance, l'auteure met au jour les différentes étapes qui ont conduit à la constitution de sa personnalité.

La construction de cette personnalité passe également par celle de l'écrivain en devenir, plaçant le lecteur, mais surtout l'auteure elle-même, face à l'histoire de sa formation intellectuelle : la jeune Nathalie voit sa mère rédiger des romans de cape et d'épée, avant d'apprendre elle-même à écrire, développe ensuite une passion accrue pour la lecture, et en vient, enfin, par le biais de l'école, à maîtriser les codes romanesques et les normes de l'écriture, dont elle s'affranchira, à l'âge adulte, pour élaborer sa propre vision de la littérature.

Par le biais de cet apprentissage que l'auteure fait d'elle-même, et dont elle rapporte les étapes, se dégage une théorie de l'enfance. Le titre de l'œuvre, tout d'abord, sans présence d'un déterminant, évoque un récit à dimension théorique.

L'enfance que Nathalie Sarraute met en scène dans son roman à portée autobiographique est une vision personnelle, mais qui tend à une certaine universalité.

En effet, l'auteure fait état de son statut d'enfant, et non de « petite fille ». Enfant soumis et dépendant, qui plus est, de la parole de l'adulte, ou des adultes, ainsi que de leur regard. La force des mots employés par les adultes font résonance dans la tête de la petite Nathalie, font acte d'autorité sur l'enfant qu'elle est alors, mais contribuent également, et de façon inévitable, à la formation de sa personnalité. Dans cette optique, il ne s'agit donc pas pour l'auteure de dépeindre un stéréotype de l'enfance, où tout serait insouciance et aveuglement, comme on la présente très souvent. Non, il s'agit, au contraire, de rompre avec ces clichés, pour mettre en évidence l'enfant qui s'oppose à l'adulte et qui se trouve en parfaite inadéquation avec lui. Ce terrain encore inexploité, renforcé par la volonté des « nouveaux romanciers » à mettre au jour des vérités nouvelles, ou en tout cas autres que celles pré-établies, tend donc bien à révéler un caractère universel dans l'expérience personnelle de l'enfance qui est celle de l'auteure.

ÉTUDE DU MOUVEMENT LITTÉRAIRE

Il faut replacer *Enfance* dans son contexte pour bien en saisir la portée. Cette œuvre s'inscrit, en effet, dans la vague du « Nouveau roman », théorisé dans les années 1950, par le biais de deux ouvrages théoriques : *L'Ère du soupçon* de Nathalie Sarraute, paru en 1956, ainsi que *Pour un nouveau roman* d'Alain Robbe-Grillet, publié en 1963.

Dans ce contexte d'après Seconde Guerre mondiale, il s'agit de proposer aux lecteurs, très familiarisés avec le roman, une réforme du genre en profondeur, qui serait, de nouveau, un terrain de recherche, tel qu'il l'avait été au XIXe siècle pour Balzac ou encore Flaubert.

Les codes du roman dit « traditionnel » vont donc être remis en cause, à commencer par la notion de personnage. Clairement défini et identifiable, grâce à un nom, des descriptions physiques, morales ou encore par sa condition sociale, « l'être de papier » traditionnel va laisser place à un personnage sans contour, réduit, la plupart du temps, à un simple pronom personnel et combinant, parfois, plusieurs identités.

La dimension réaliste très présente dans le roman « traditionnel » va également être mise à mal dans le « Nouveau Roman ». L'action, régie par un ordre établi, vraisemblable, répondant à une logique de causes à effets, va disparaître et laisser place à un univers sans aucun repère, où le temps et l'espace sont métamorphosés, permettant ainsi de lutter contre ce que les « nouveaux romanciers » estiment être un leurre. En effet, le réel n'est régi ni par l'unité, ni par la rationalité, notamment parce que les significations du monde qui nous entoure sont multiples, ne répondent pas à une seule logique prédéfinie et sont, au contraire, propices à de nombreuses vérités ainsi qu'à de multiples interprétations.

La mise au jour de cette nouvelle dimension artistique ne s'est pas élaborée qu'à travers la littérature. Le cinéma, entre autres, a connu cette mutation, par le biais de ce qu'on nomme la « Nouvelle Vague », particulièrement représentée par Jean-Luc Godard en France.

DANS LA MÊME COLLECTION
(par ordre alphabétique)

- **Anonyme**, *La Farce de Maître Pathelin*
- **Anouilh**, *Antigone*
- **Aragon**, *Aurélien*
- **Aragon**, *Le Paysan de Paris*
- **Austen**, *Raison et Sentiments*
- **Balzac**, *Illusions perdues*
- **Balzac**, *La Femme de trente ans*
- **Balzac**, *Le Colonel Chabert*
- **Balzac**, *Le Lys dans la vallée*
- **Balzac**, *Le Père Goriot*
- **Barbey d'Aurevilly**, *L'Ensorcelée*
- **Barbey d'Aurevilly**, *Les Diaboliques*
- **Bataille**, *Ma mère*
- **Baudelaire**, *Les Fleurs du Mal*
- **Baudelaire**, *Petits poèmes en prose*
- **Beaumarchais**, *Le Barbier de Séville*
- **Beaumarchais**, *Le Mariage de Figaro*
- **Beauvoir**, *Mémoires d'une jeune fille rangée*
- **Beckett**, *Fin de partie*
- **Brecht**, *La Noce*
- **Brecht**, *La Résistible ascension d'Arturo Ui*
- **Brecht**, *Mère Courage et ses enfants*
- **Breton**, *Nadja*
- **Brontë**, *Jane Eyre*
- **Camus**, *L'Étranger*
- **Carroll**, *Alice au pays des merveilles*
- **Céline**, *Mort à crédit*
- **Céline**, *Voyage au bout de la nuit*

- **Chateaubriand**, *Atala*
- **Chateaubriand**, *René*
- **Chrétien de Troyes**, *Perceval*
- **Cocteau**, *Les Enfants terribles*
- **Colette**, *Le Blé en herbe*
- **Corneille**, *Le Cid*
- **Crébillon fils**, *Les Égarements du cœur et de l'esprit*
- **Defoe**, *Robinson Crusoé*
- **Dickens**, *Oliver Twist*
- **Du Bellay**, *Les Regrets*
- **Dumas**, *Henri III et sa cour*
- **Duras**, *L'Amant*
- **Duras**, *La Pluie d'été*
- **Duras**, *Un barrage contre le Pacifique*
- **Flaubert**, *Bouvard et Pécuchet*
- **Flaubert**, *L'Éducation sentimentale*
- **Flaubert**, *Madame Bovary*
- **Flaubert**, *Salammbô*
- **Gary**, *La Vie devant soi*
- **Giraudoux**, *Électre*
- **Giraudoux**, *La Guerre de Troie n'aura pas lieu*
- **Gogol**, *Le Mariage*
- **Homère**, *L'Odyssée*
- **Hugo**, *Hernani*
- **Hugo**, *Les Misérables*
- **Hugo**, *Notre-Dame de Paris*
- **Huxley**, *Le Meilleur des mondes*
- **Jaccottet**, *À la lumière d'hiver*
- **James**, *Une vie à Londres*
- **Jarry**, *Ubu roi*
- **Kafka**, *La Métamorphose*
- **Kerouac**, *Sur la route*
- **Kessel**, *Le Lion*

- **La Fayette**, *La Princesse de Clèves*
- **Le Clézio**, *Mondo et autres histoires*
- **Levi**, *Si c'est un homme*
- **London**, *Croc-Blanc*
- **London**, *L'Appel de la forêt*
- **Maupassant**, *Boule de suif*
- **Maupassant**, *Le Horla*
- **Maupassant**, *Une vie*
- **Molière**, *Amphitryon*
- **Molière**, *Dom Juan*
- **Molière**, *L'Avare*
- **Molière**, *Le Malade imaginaire*
- **Molière**, *Le Tartuffe*
- **Molière**, *Les Fourberies de Scapin*
- **Musset**, *Les Caprices de Marianne*
- **Musset**, *Lorenzaccio*
- **Musset**, *On ne badine pas avec l'amour*
- **Perec**, *La Disparition*
- **Perec**, *Les Choses*
- **Perrault**, *Contes*
- **Prévert**, *Paroles*
- **Prévost**, *Manon Lescaut*
- **Proust**, *À l'ombre des jeunes filles en fleurs*
- **Proust**, *Albertine disparue*
- **Proust**, *Du côté de chez Swann*
- **Proust**, *Le Côté de Guermantes*
- **Proust**, *Le Temps retrouvé*
- **Proust**, *Sodome et Gomorrhe*
- **Proust**, *Un amour de Swann*
- **Queneau**, *Exercices de style*
- **Quignard**, *Tous les matins du monde*
- **Rabelais**, *Gargantua*
- **Rabelais**, *Pantagruel*

- **Racine**, *Andromaque*
- **Racine**, *Bérénice*
- **Racine**, *Britannicus*
- **Racine**, *Phèdre*
- **Renard**, *Poil de carotte*
- **Rimbaud**, *Une saison en enfer*
- **Sagan**, *Bonjour tristesse*
- **Saint-Exupéry**, *Le Petit Prince*
- **Sarraute**, *Tropismes*
- **Sartre**, *Huis clos*
- **Sartre**, *La Nausée*
- **Senghor**, *La Belle histoire de Leuk-le-lièvre*
- **Shakespeare**, *Roméo et Juliette*
- **Steinbeck**, *Les Raisins de la colère*
- **Stendhal**, *La Chartreuse de Parme*
- **Stendhal**, *Le Rouge et le Noir*
- **Verlaine**, *Romances sans paroles*
- **Verne**, *Une ville flottante*
- **Verne**, *Voyage au centre de la Terre*
- **Vian**, *J'irai cracher sur vos tombes*
- **Vian**, *L'Arrache-cœur*
- **Vian**, *L'Écume des jours*
- **Voltaire**, *Candide*
- **Voltaire**, *Micromégas*
- **Zola**, *Au Bonheur des Dames*
- **Zola**, *Germinal*
- **Zola**, *L'Argent*
- **Zola**, *L'Assommoir*
- **Zola**, *La Bête humaine*
- **Zola**, *Nana*
- **Zola**, *Pot-Bouille*

CPSIA information can be obtained
at www.ICGtesting.com
Printed in the USA
LVHW032139161121
703501LV00006B/168

9 782759 314034